नज़रिया

NAZARIYA BADALO NAZARE BADAL JAYENGE

'कैलाशी' पुनीत डी.

Copyright © 'kailashi' Punit D.
All Rights Reserved.

This book has been published with all efforts taken to make the material error-free after the consent of the author. However, the author and the publisher do not assume and hereby disclaim any liability to any party for any loss, damage, or disruption caused by errors or omissions, whether such errors or omissions result from negligence, accident, or any other cause.

While every effort has been made to avoid any mistake or omission, this publication is being sold on the condition and understanding that neither the author nor the publishers or printers would be liable in any manner to any person by reason of any mistake or omission in this publication or for any action taken or omitted to be taken or advice rendered or accepted on the basis of this work. For any defect in printing or binding the publishers will be liable only to replace the defective copy by another copy of this work then available.

ॐ

आदरणीय गुरुजन
पिताश्री मार्गदर्शक एवं मेरे गुरु श्री धर्मेश चंद्र शर्मा

और

मेरी मम्मी श्रीमती शांता शर्मा को समर्पित मेरा प्रथम हिन्दी गद्य - संग्रह

" नज़रिया - नज़रिया बदलो नजारे बदल जाएँगे "

खलील जिब्रान ने कहा है-

माता-पिता धनुष के समान होते हैं और बच्चे तीर के समान

धनुष जितना खींचता है, तीर उतना ही दूर जाता है

हम इसलिए नहीं ऊँचाइयों को चूमते हैं कि हम खास हैं,

बल्कि इसलिए कि वे हमारे लिए खींचे हुए हैं।

क्रम-सूची

प्रस्तावना	vii
भूमिका	xi
पावती (स्वीकृति)	xiii
विभिन्न अंतरराष्ट्रीय पुस्तक स्टोर्स पर उपलब्ध	xv
1. प्रारंभ	1
2. माता-पिता और बच्चे	4
3. प्रकृति- पुरुष	7
4. भय	9
5. नया - पुराना	13
6. विविधता	15
7. गुस्सा	16
8. मालिक - किरायेदार	19
9. मनन-शांति	21
10. नाराज़गी	23
11. हार- जीत	26
12. ज्ञान - बुद्धि	29
13. एक - अनेक	33

• v •

प्रस्तावना

विहंगम दृष्टिकोण

प्रस्तावना

क्या हम भारतीय खुश नहीं हैं ? संयुक्त राष्ट्र के सतत विकास समाधान नेटवर्क (एसडीएसएन) द्वारा जारी, वर्ल्ड हैप्पीनेस इंडेक्स रिपोर्ट- 2022 तो यही बताती है। विश्व में जहाँ एक और टॉप दस देशों में पांच नार्डिक देश हैं। वहीं भारत नीचे के ग्यारह देशों में सम्मिलित हैं। यहाँ तक कि एशिया के अन्य देश एवं भारत के पडोसी देशवासी भी भारतीयों से ज्यादा खुश हैं।

व्यक्तिपरक कल्याण की रिपोर्ट की माप तीन मुख्य कल्याण संकेतकों पर निर्भर करती है:-

1. जीवन मूल्यांकन
2. सकारात्मक भावनाएं
3. नकारात्मक भावनाएं

हालांकि खुशी एक व्यक्तिपरक गुणात्मक अवधारणा हैं जिसका गणन मुश्किल हैं फिर भी इसकी गणना निम्नलिखित छः पैरामीटर्स के आधार पर की जाती है।

- प्रति व्यक्ति जीडीपी
- सामाजिक समर्थन
- स्वस्थ जीवन प्रत्याशा
- जीवन विकल्प चुनने की स्वतंत्रता
- उदारता
- भ्रष्टाचार पर धारणा

कोविड काल की एक सबसे अच्छी बात यह रही है कि दुनिया भर में तीन तरह की परोपकारी गतिविधियों में उछाल आया है:-

प्रस्तावना

1. अजनबी की मदद करना
2. स्वेच्छा से काम करना
3. दान देना

रिपोर्ट के सामान्य अवलोकन के अनुसार अधिकांश देशों में तनाव, चिंता और उदासी में दीर्घकालीन मध्यम उर्ध्वगामी प्रवृत्ति रही है और जीवन के आनंद में मामूली दीर्घकालिक गिरावट आई है।

अर्थात इन पैरामीटर्स के आधार पर विकसित अर्थव्यवस्थाएं एवं पृथ्वीवासी धीरे-धीरे खुशी की चाह में और अधिक दु:खी होते जा रहे हैं।

हमारा सुख और दु:ख हमारे नज़रिये पर निर्भर करता हैं ।

हम भारतीय दु:ख को सुख की तुलना में अधिक मूल्य देते है।

क्या हैं से अधिक क्या नहीं हैं ? क्यों नहीं हैं ? पर अधिक ध्यान देते हैं।

भूमिका

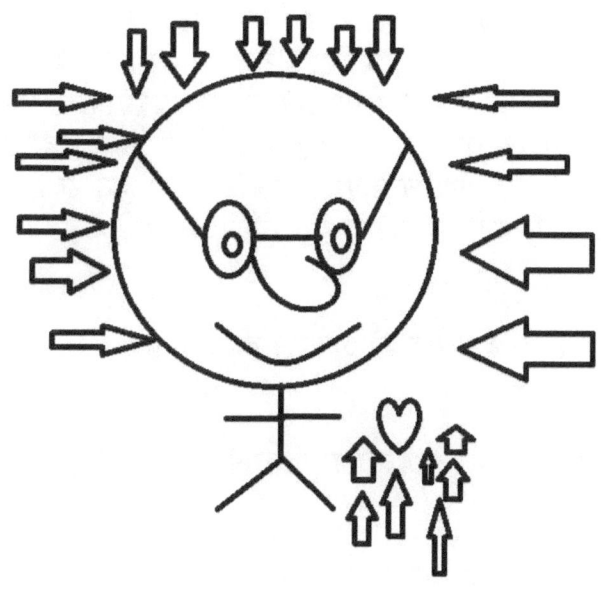

विचारों से निर्मित एक आभासी दुनिया

यह दुनिया एक आभासी दुनिया है। यह आपके और हमारे विचारों से निर्मित है। हमारे विचार, हमारी सोच से निर्मित होते हैं, हमारी सोच हमारे वातावरण पर निर्भर करती हैं, वातावरण हमारे नियंत्रण में नहीं होता, अतः हमारे विचार हमारे व्यवहार को प्रभावित करते हैं, इसी कारण से पीढ़ी दर पीढ़ी विचार और व्यवहार में परिवर्तन होता रहता है। पिछली पीढ़ी के विचार

अगली पीढ़ी तक उसी रूप में नहीं पहुंचते उनमें बदलाव स्वाभाविक है।

क्योंकि समय बदलता है, इसलिए विचार बदलते हैं, विचार बदलते हैं इसलिए व्यवहार बदलता है, व्यवहार बदलता है इस कारण अगली पीढ़ी पिछली पीढ़ी की तुलना में अधिक उत्साहित होती हैं और यही उत्साह जीवन हैं। अर्थात हमारा नज़रिया ही हमारी दशा और दिशा निर्धारित करता है । किसी ने सही कहा हैं-

कश्तियाँ बदलने की जरूरत ही कहा हैं ?

कश्ती के रूख को बदलो किनारे बदल जायेंगे।

सोच को बदलो सितारें बदल जायेंगे।

नज़रिये को बदलो नज़ारे बदल जायेंगे।

पावती (स्वीकृति)

अर्धांगिनी लवीना को धन्यवाद

जिन्होंने पुस्तक को इस रूप में पाठकों तक पहुँचाने में बहुत मदद की

अभी भी कुछ अधूरा है, कुछ छूटने का हमें खेद है

प्रिय पाठकों की प्रतिक्रिया की प्रतीक्षा में

विभिन्न अंतरराष्ट्रीय पुस्तक स्टोर्स पर उपलब्ध

  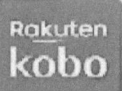

1
प्रारंभ

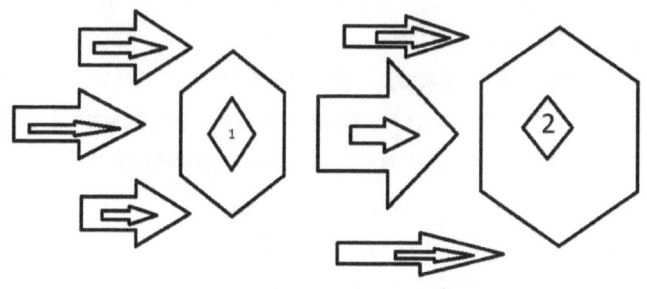

प्रारंभ से ही जोरदार, लगातार, और बार-बार अधिक ऊर्जा अधिक साधनों के साथ चौतरफा प्रयास

प्रारंभ का भय हमेशा बना रहता है जब भी कुछ नया करना हो या कुछ प्रारंभ करना हो तो कौन करेगा? कैसे करेगा? और क्यों करेगा? प्रश्न खड़े हो जाते हैं।

हम तब तक प्रारंभ नहीं कर सकते जब तक हम मानते हैं कि हम बदलाव नहीं ला सकते या बदलाव लाना असंभव है।

किसी ना किसी को तो आरंभ करना ही है। जो आरंभ किया जाना है, उसका अंत तो होना ही है इस डर से उसे आरंभ ही ना किया जाए यह गलत है।

प्रत्येक कार्य प्रारंभ से ही समस्याओं से लिपटा हुआ रहता है समस्याओं के आवरण के हटते जाने से कार्य का आरंभ होता है।

परंतु **समस्याओं की शून्यता सफलता नहीं है।** समस्याएं तो सदैव बनी रहती हैं। समस्याओं से अनवरत मुकाबला करते रहना ही सफलता है।

समस्याओं का आव्हान करते रहना ही जीवन है।

हमारी सभी समस्याएं हमीं से हैं और उनके समाधान भी हमीं से हैं। समाधान के विकल्पों के चुनाव मूल्य आधारित हैं और ये मूल्य एक राष्ट्र तय करता हैं परन्तु, आज लोगों का तंत्र इसे तय कर रहा हैं इस कारण मूल्य लोचदार हो गए हैं और स्वच्छंदता बढ़ी हैं जो एक आभासी स्वतंत्रता की और प्रशस्त हैं।

जितनी अधिक, जितनी बड़ी, जितनी कठिन समस्याएं हैं, जीवन उतना ही सक्रिय है, उतना ही सफल है, उतना ही आनंददायक है।

समस्याओं से डटकर मुकाबला करना, समस्याओं से घिरे रहकर उसका बुद्धिमता से मुकाबला करना ही जीवन है।

वह जीतकर भी हारा है, जिसने हार को चखा नहीं,

वह जीवन भी क्या जीवन है, जिसने मौत को चूमा नहीं,

वह जीकर भी जीया नहीं, जिसने मुकाबला किया नहीं।

जो हार और मौत के डर से जीता है, वह जी कर भी नहीं जीता।

प्रारंभ से ही जोरदार, लगातार, और बार-बार अधिक ऊर्जा अधिक साधनों के साथ चौतरफा प्रयास सफलता का मार्ग प्रशस्त करता हैं।

कुछ ना कुछ, चाहे कुछ भी, करते रहना जो आपके **अंतर्मन की आवाज है**, जिसको करने में आप अधिक समस्याओं का सामना कर रहे हैं, अधिक मुश्किलों से गुजर रहे हैं, चाहे लंबा ही सही यही वह रास्ता है जिसे आपने चुना है, चाहे साथ कोई हो न हो।

यही आपके जीवन का उद्देश्य है, यही सही है, जिसे आपने चुना है, वहीं आपका उद्देश्य है।

'कैलाशी' पुनीत डी.

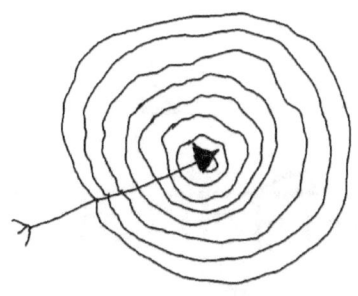

दक्षता ही लक्ष्य प्राप्ति का साधन है, जो कई असफल प्रयासों का परिणाम हैं, प्रारम्भ इसका प्रथम सोपान है

यही जीवन है।
यही आपका आरंभ है।
वही आपका प्रारंभ है।

2
माता-पिता और बच्चे

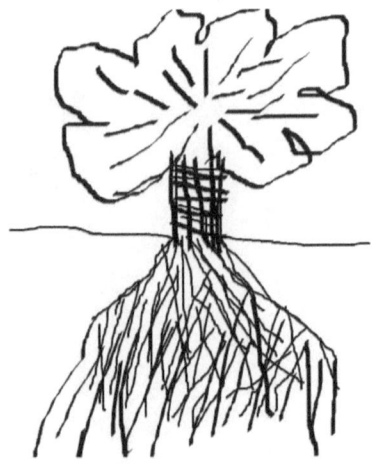

दृष्टिगत व्यवस्थित ऊंचाईयाँ - छुपी हुई अव्यवस्थित गहराईयां

माता-पिता आपके जीवन का माध्यम और आधार हैं।

ये वृक्ष की वे जड़े है जिसने वृक्ष को संभाल के रखा है।

चाहे पेड़ की टहनियां कितनी भी ऊंची क्यों न जाए ? कितनी भी फैल क्यों न जाए ?

वह हमेशा तभी तक पुष्पित और पल्लवित हो सकती हैं जब तक जड़ों ने उसको संभाल के रखा है।

जड़े जितनी गहरी जाएगी पेड़ भी उतना ही घना और समृद्ध होगा। छाँव और फल देगा।

पेड़ की जड़ों की गहराई धरती पर निर्भर करती है। यह उस मिट्टी और उस वातावरण पर निर्भर करती है। यही एक छोटे से बीज को एक विशाल वृक्ष में तब्दील करती है। सभी कुछ उसी मिट्टी से निकलता है फिर उसी मिट्टी में समा जाता है।

परंतु कुछ बीज एक विशाल वृक्ष में तब्दील हो जाते हैं और कुछ बढ़ने से पहले ही समाप्त हो जाते है एवं मिट्टी में ही में समाहित हो जाते हैं ।

प्रत्येक देखने में एक समान लगता है, परंतु अपने आप में भिन्न-भिन्न हैं चाहे वह एक ही मिट्टी और एक ही वातावरण में क्यों ना बढ़ा हो, यदि बीज मिट्टी में ना घुल - मिल पाए तो उसका अंत निश्चित है और यदि मिट्टी जड़ों को ना संभाल पाए तो वृक्ष का गिरना लाजमी है ।

यह मिट्टी ही है जो बीज को बांधे और थामे हुए बढ़ने का अवसर प्रतिक्षण प्रदान करती हैं यह उसे उड़ान के लिए पर भी देती हैं परंतु उसकी जड़ों को थामे भी रखना चाहती हैं ।

प्रत्येक वृक्ष जो कि विशाल दिखाई दे रहा है यह जितना ऊपर है उससे कई गुना गहराई लिए हुए है । यह बढ़ता दोनों ओर है परंतु दुनिया को दिखाई केवल एक ओर ही देता है ।

ये अपनी छुपी हुई गहराइयों में जितना अव्यवस्थित है इसकी दृष्टिगत ऊंचाईयाँ उतनी ही व्यवस्थित है।

यह जितनी गहराई में जाता है उतना ही ऊंचाइयों को चूमता है । परंतु इसके लिए यह आवश्यक है कि-

बीज मिट्टी में घुल - मिल जाए,
अपने अस्तित्व को खोने से डरे नहीं,
अपने रूप में परिवर्तन को स्वीकार करे,
अपने होने ना होने के संशय में न पड़े,

नज़रिया

क्योंकि यही जीवन है,
यही विकास है,
अंत ही आरम्भ है ।

3
प्रकृति- पुरुष

प्रकृति - पुरुष प्रतिरूप

लोगों का तंत्र एक नए मंत्र की और प्रखर हैं।

इस प्रकृति ने हमें सभी कुछ मुफ़्त में उपलब्ध करवाया हैं अथार्त हवा, पानी, प्रकाश सभी कुछ प्रकृति जन्य मुफ्त था। जिसे अब कीमत चुका कर खरीदना पड़ रहा हैं और जो उत्पाद और सेवाएं बाजार आधारित कीमत पर मिल रही थी वे सभी को मुफ्त चाहिए। हम एक ऐसे मुफ्त बाजार की ओर बढ़ रहे है, जहां हम अपनी कीमत घटाते जा रहे है और उत्पाद और सेवाएं हमसे भी बढ़कर हो गयी हैं।

ध्यान रहें-

कुछ भी कभी भी मुफ्त नहीं मिलता प्रकृति भी कीमत मांगती है और मुफ्त अर्थव्यवस्थाएं भी।

4

भय

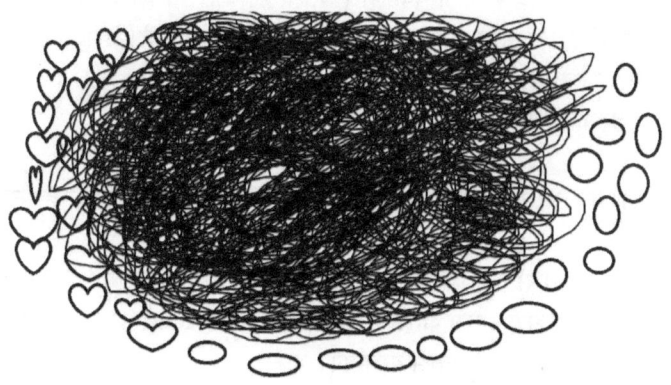

भय - दिल और दिमाग से बुनी अव्यवस्थित समझ की श्रृंखला

भय एक मनःस्थिति है।

भय एक स्वाभाविक प्रक्रिया है, जो कि ज्ञान के साथ-साथ अर्जित अज्ञानता का परिणाम है।

एक बच्चा जिसके ज्ञान का स्तर जितना अल्प है और भरोसे का स्तर जितना अधिक हैं, वह भय से उतना ही मुक्त हैं।

भय का कारण भरोसे का अभाव है।

भय तब उत्पन्न होता है जब विश्वास पर संशय का नमक ज्यादा डाला जाता हैं और प्रेम की चाशनी कम।

इसी प्रकार एक पागल व्यक्ति कभी भयभीत नहीं होता।

भय का कारण पूर्ण ज्ञान का अभाव है।

केवल और केवल समझ बढ़ने पर यदि वह अज्ञानता के आवरण में लपेटी हुई है, तो वह भय का कारण बनती है।

साथ ही साथ जो कुछ पा लिया गया है भय उसी का है, जो प्राप्त किया जाना है उसका भय भी यही बढ़ाता रहता है।

अनुभव भी भय का कारण बनता है जो पा लिया गया है उसे खोने और जो प्राप्त किया जाना है उसे न पा पाने का भय सदैव बना रहता है।

आपका भय मात्र आपका भार बढ़ता हैं। यदि आप भयभित हैं इसका अर्थ यह है कि आप सफर में अनावश्यक भार ढ़ो रहे है जिसकी सफर में जरुरत नहीं है।

डरना ही हैं तो डर से डरो

गीता का अध्ययन करने पर हम पाते हैं कि ना कुछ हमारा है, ना ही हमारा था, ना ही हमारा रहेगा।

इस भाव से हम परिणाम की चिंता किए बगैर कर्म मार्ग पर अग्रसर होते हैं और भय जाता रहता है जब हम ना कुछ लेकर आए, ना ही कुछ लेकर जाएंगे तो भय किस बात का।

अर्थात भय आने के बाद और जाने से पहले सफर तक ही सीमित हैं।

याद रखें - भय हमेशा जो है, उससे कहीं अधिक उससे होता हैं, जो नहीं हैं

अर्थात हम शून्यता से भयभीत है जोकि अनंतता का एक मात्र माध्यम हैं

जब तक सफर है तभी तक भय हैं।

सफर का भय भी मंजिल के मिलने या ना मिलने तक ही रहता है।

फिर नयी इच्छाएं नए भय के साथ सफर को अनवरत जारी रखती है।

वृद्धि के साथ-साथ भय बढ़ता है, परंतु विकास के साथ-साथ यह तेजी से कम होता है।

सफर जारी रहने तक लक्ष्य सदैव बनते, बढ़ते, और बदलते रहते है।

यदि हम लक्ष्य की प्राप्ति हेतु कर्म मार्ग पर अग्रसर हैं और परम सत्ता में विश्वास रखते हैं तो यह आवश्यक है कि इच्छाओं को भय के आवरण से ना लपेटा जाए, तो सफलता सुनिश्चित है।

असफलता तो सफलता से पूर्व किए गए समस्त प्रयास है, जो भय के आवरण से लिपटे हुए थे आवरण हटते ही कर्म के प्रभाव से सफलता के अतिरिक्त कुछ नहीं बचेगा क्योंकि वह परिणाम की परिमाप से मुक्त होगा।

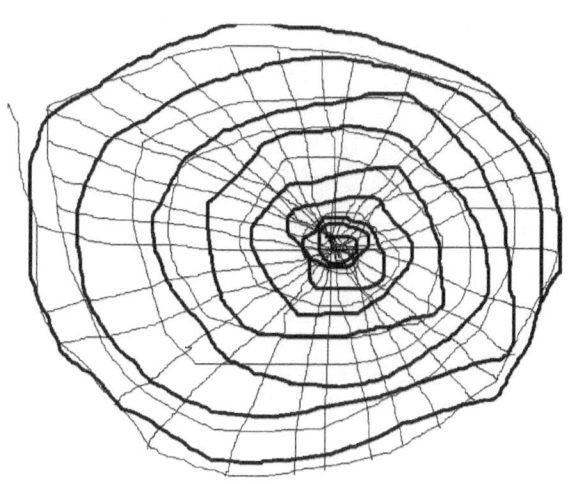

मानसिक मकड़ जाल

नज़रिया

5
नया - पुराना

इस जहां का सभी इस जहां में ही रहा

नया या पुराना सिर्फ समय का खेल हैं।
नया वह हैं जो समय के साथ हैं, पुराना वह हैं जिसका साथ समय छोड़ चुका हैं।
जो आज अभी नया लग रहा है कल तलक या अगले ही क्षण पुराना हो जायेगा।

जब तक उपयोग प्रारम्भ नहीं हुआ वो नया था उपयोग में आते ही पुराना।

आज वक़्त की मांग है कि संसाधनों पर अधिक दबाव न पड़े भावी पीढ़ी की जरूरतों का भी पूरा ध्यान रखा जाए इसलिए ये जरूरी हो जाता हैं कि हम इस नए - पुराने और उससे बने फिर नए सृजन के दर्शन को समझे और अपनी मानसिकता बदलें।

चूंकि प्रकृति के पास जो हैं सभी हमारा हैं। जब तक हम उसकी प्राकृतिक प्रक्रिया में बाधक नहीं बनते प्रकृति हर पल नया सृजन करती रहेगी।

प्रकृति में कुछ भी कभी समाप्त नहीं होता इस जहां का सभी इस जहां में ही रहता हैं वह तो समय के साथ मात्र अपना रूप परिवर्तित करता रहता हैं क्योंकि परिवर्तन ही जीवंतता का परिचायक हैं।

हमें नए- पुराने के प्रपंच में पड़ने का कोई अधिकार नहीं क्यों कि हम इस सृजन और पुनःनिर्माण की प्राकृतिक प्रक्रिया के कर्ज़दार हैं हमें तो प्रकृति का आभारी होना चाहिए कि उसने हमें इस योग्य समझा कि हम इसका सर्वाधिक आनंद उठा सकते हैं।

प्रकृति समय के साथ मिलकर अपने संसाधनों का प्राकृतिक तरीकों से सृजन, क्षरण, संशोधन, परिष्करण, पुनःचक्रण करती रहती हैं, हमें इसे स्वीकारना सीखना चाहिए।

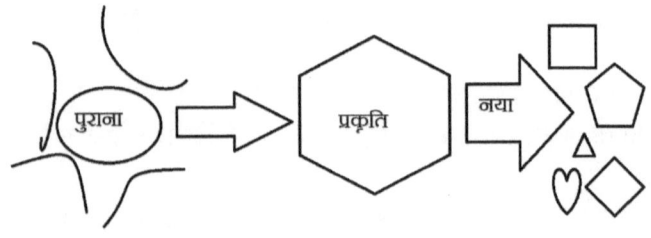

प्रकृति ही प्रकृति - हम कहाँ हैं? संभल जाओ और स्वीकार करो

6

विविधता

यह एक बहुत ही महत्वपूर्ण प्रश्न है कि क्या हम सभी एक है या भिन्न -भिन्न है ?

क्या हमारी असमानता प्राकृतिक है या कृत्रिम ?

सभी जीव समरूप वैज्ञानिक विकास के प्रतिरूप है, हमारी भिन्नता हमें संघर्ष और विकास की ओर प्रेरित करती है हमारा सतत सुस्थिर विकास ही हमारी उत्तरजीविता का आधार है।

विविधता जितनी अधिक होगी, प्रजातियों का पोषण उतना ही सरल होगा , परस्पर निर्भरता उतनी ही परिपक़्व होगी और विकास सहज होगा।

जहाँ एक और प्रकृति के समस्त सृजन एक विभिन्नता, एक विशिष्टता लिए हुए है। इसके बावजूद भी एक रचना (पैटर्न) का अनुगृहण करते हैं। वहीं पुरुष के निर्माण नकल मात्र है। उनमें नवीनता, रचना (पैटर्न) और विशिष्ठता का अभाव है। वह समरूपता में अधिक विश्वास करता हैं।

चाहे वह शिक्षा हो या ज्ञान

7
गुस्सा

गुस्सा - स्वनियंत्रण अभाव से उपजी क्षणिक मनःस्थति

गुस्सा आना आदमी की प्रकृति और परिस्थिति पर निर्भर करता है । सामने वाले को गुस्सा आने के डर से कई बार उसके साथ वाले उससे खुलकर बात नहीं कर सकते और सही बात सामने निकलकर नहीं आती, इस डर से कि कहीं सामने वाले को गुस्सा ना आ जाए ।

इस संबंध में एक बात बहुत ही महत्वपूर्ण है कि व्यक्ति को डरना नहीं चाहिए । अगर कोई व्यक्ति गुस्सा करता है, नाराज रहता है, बार-बार सही कार्य करने पर भी उसमें कमियां निकालता है तो यह उसका व्यवहार हो सकता है इससे उसके साथ वाले को घबराने या परेशान होने की आवश्यकता नहीं है।

यहां में एक बहुत ही सुंदर उदाहरण से आप इसे समझ सकते हैं । आप यह न सोचें की वह गुस्सा करेगा, नाराज रहेगा, इस डर से तो आप काम ही नहीं कर पाएंगे । अतः डर पर काबू पाने की जरुरत है तभी हम काम को प्रारंभ कर सकते हैं । इस डर से कि काम गलत हो जाएगा, बिगड़ जाएगा, काम कभी प्रारंभ ही नहीं किया जा सकता काम करने पर उसमें गलतियां होना लाजमी है । डर और कर्म आपस में एक साथ नहीं हो सकते अगर आप डरेंगे तो आप कर्म नहीं कर सकते और अगर आप कर्म करना चाहते हैं तो आपको डर को भूलना पड़ेगा अपने उच्च अधिकारी/ व्यक्ति के डर से काम नहीं करना अकर्मण्यता है।

याद रखें -

प्रकृति और परिस्थिति को कर्म से ही जीता जा सकता है ।
कोई आप को डांटे,
कुछ कहे तो यह जरूरी नहीं कि आप उस बात को स्वीकार भी करें
क्योंकि जिस प्रकार किसी के घर जाने पर वह आपको सत्कार के रूप में कुछ भी खाने को ऑफर कर सकता है।

यदि आप शाकाहारी हैं तब भी हो सकता है उसके नहीं जानने पर वह आपको मांसाहार ऑफर कर ले।

परंतु यह आपके ऊपर निर्भर करता है कि आप उसका सेवन करें या ना करें।

इसी प्रकार किसी व्यक्ति द्वारा आप पर गुस्सा करना, आपको डांटना या आपको कुछ कहना यह उसका हक है ।

परंतु उसके उस गुस्से, डांट या उसकी कही हुई बात को स्वीकार करना या नहीं करना

यह आपके ऊपर निर्भर करता है

सामान्य भाषा में कहें तो डांट को खाना या ना खाना आप पर निर्भर करता है

आप उतना ही खाइए जितना आप पचा सके।

8
मालिक - किरायेदार

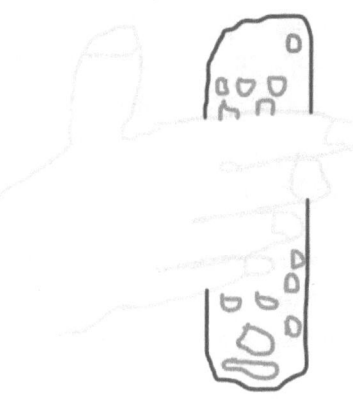

अपना रिमोट अपने हाथ

मालिक इस भ्रम में जीते है कि वो मालिक है और किरायेदार इस संशय में कि उन्हें कभी भी बेदख़ल किया जा सकता हैं

दोनों की चिंता जायज़ है किन्तु बेबुनियाद

जायज़ इसलिए कि चिंता होनी चाहिए किन्तु बेबुनियाद इसलिए कि परिस्थितियां परिवर्तन की भूखी हैं और वक़्त आवारगी से लबरेज़ हैं

जो कल तलक मालिक थे आज किरायेदार है और जो किरायेदार थे वे मालिक बन गए

मालिक तभी तक मालिक या ता उम्र मालिक बना रह सकता हैं जब वो परिवर्तन स्वीकार करते हुए उसको गले लगाए और बहते वक़्त के साथ उसकी रफ़्तार से तैरता रहे, ना ही उसमें डूबे, ना ही उससे भींगे

मालिक मालिक नहीं हैं , बल्कि उसका भाव उसे मालिक बनाता हैं। जब तलक ये भाव आपमें जिंदा हैं आप मालिक हैं।
किसी और के नहीं अपने आपके मालिक बनिए।

आप अपने मालिक तभी तक है जब तक आपका रिमोट कण्ट्रोल आपके अपने हाथ में है ये दूसरे के हाथ में जाते ही आप किरायेदार हैं।

एक किरायेदार बड़ी आसानी से मालिक बन सकता हैं क्योंकि उसने पहले से ही परिवर्तन को स्वीकार कर लिया हैं और वक़्त उसके साथ आवारगी करता रहा हैं उसे तो मात्र अपने किरायेदार होने के भाव पर प्रहार करने कि जरूरत हैं।

आप क्या हो ये उतना महत्वपूर्ण नहीं हैं जितना ये कि आप अपने आपको क्या मानते हो।
दुनिया आपको उसी नज़रिये से देखती हैं जो आप प्रकट करते हो।

बड़ी अज़ीब दुनिया हैं ये
ये मुझे मुझसे भी अधिक जानती हैं।
मैं अपने आप को जितना नहीं जानता उससे कहीं अधिक जानती हैं ये।
मैं बताता हूँ एक, ये उसे अपने-अपने नज़रिये से हज़ार बना डालती हैं।

9
मनन-शांति

मनन ॐ शांति

चिता चिंता समाप्रोक्ता बिंदुमात्रं विशेषता।
सजीवं दहते चिंता निर्जीवं दहते चिता॥
चिंता करने से चिंतन करना बेहतर हैं।

चिंता घटना घटित होने के पूर्व या पश्चात होती है यह समाधान नहीं सुझाती बल्कि समाधान के समस्त मार्गों को बंद कर देती है।

चिंता, चेतना/बुद्धि के तीनों मार्गों को अवरुद्ध करते हुए, असंतुलित विकास की और अग्रसर करते हुए जीवन को अशांत करती हैं।

जबकि चिंतन समस्त संभावित घटनाओं के परिणामों - दुष्परिणामों की पूर्व तैयारी है जो समस्त परिस्थितियों में समस्त समाधानों के मार्गों को खोलते हुए उनमें से बेहतर के चुनाव का पर्याप्त समय उपलब्ध कराती है, विभिन्न आयामों को खोलते हुए इष्टतम संयोजनों की प्राप्ति को सुलभ बनाती हैं।

अभ्यास से निरंतर चिंतन परम शांति का मार्ग प्रशस्त करता है।

10
नाराज़गी

अप्रसन्न

काँटें ना ही बोये जाते हैं,
ना ही उगाये जाते हैं,
ना ही पनपाये जाते हैं

ये तो बस यूँ ही फूलों के साथ उग आते हैं ।
इन्हें तुम्हें सावधानी के साथ रोज़ साफ़ करना हैं ।

क्योंकि चुभने पर ये गंभीर घाव देते हैं।

कुछ आपसे खुश हैं तो कुछ नाराज भी रहेंगे।
जहाँ फूल हैं वहाँ काँटें भी रहेंगे।
आप काँटें साफ़ कर दीजिये।

फिर देखिये
फूल ही फूल बचेंगे।
    आप किसी से कब तक नाराज़ रहेंगे।
कभी जो दिल के पास थे।
दूर बैठे कब तक उदास रहेंगे।
पहल कौन करें ?
इसी कश्मकश में बीत जाएगी सदियाँ

देखिए

ये नाराज़गी क्यों हैं ? कब से हैं ?
इसका इल्म ही कहाँ हैं अब ?
बस हैं , यही इल्तज़ा

पहल कौन करें ? पहल वो करें
    बात तो होनी ही हैं
बात तो होगी ही

बात कोई भी करें

बात होना जरूरी है

न कि ये की बात कौन करें ?

नाराज़गी रहीं ही कहाँ अब ?
अब तो बस
किसी मगरूर का गरूर शेष हैं।

11

हार- जीत

जीत का अर्थ लगातार, सतत, सुस्थिर और सुनियोजित हैं।

यह एक बार पा लेना नहीं बल्कि लगातार पाने की इच्छा रखना हैं।

यह एक बार सर्वेश्रेष्ठ करना नहीं बल्कि बार - बार श्रेष्ठ करते हुए श्रेष्ठतम से भी परे जाने का जज़्बा है।

चूंकि समय और परिस्थितियाँ लगातार परिवर्तनशील है अतः उनके अनुसार अर्जित अनुभावों के बल पर खुद का अनुकूलन करते रहना ही असली जीत है।

याद रखें जो खुद का अनुकूलन करने को / बदलने को तैयार है वो हमेशा आपसे आगे रहेंगे जब तक आप नंबर वन नहीं बनते आपके पास कोई विकल्प नहीं होता और जब आप एक बार नंबर वन बन जाते है तो आपके पास दो ही विकल्प बचते है क्या ये एक बार करना है या बार - बार करते रहना है - *रोज़र फेडरर*

सफलता त्याग की भूखी होती है , जीवन में त्याग जितना ज्यादा होगा सफलता उतनी करीब आती जाएगी।

आप सफलता या असफलता के करीब नहीं जाते है बल्कि ये दोनों आपके पास ही है आप सिर्फ इनका चुनाव करते हैं।

कोई भी कार्य करने पर उसमें सफलता मिले ही यह कोई जरूरी नहीं परन्तु जो एक बार और फिर कई बार सफलता हासिल कर लेता हैं वो स्वयं और उससे अपेक्षा रखने वाले उसे उस कार्य में पारंगत मान लेते है, उनका विश्वास बढ़ जाता हैं।

गलती यहीं पर होती हैं।

अब उसकी एक गलती भी बर्दाश्त नहीं की जा सकती।
ये स्थितियां उसे दबाव में डालती है।
फिर एक गलती भी बहुत बड़ी कीमत मांगती हैं।

ऊँचा मुकाम हासिल करना जितना मुश्किल हैं, उसपर बने रहना उससे हजार गुणा कठिन है और उसपर अपने आप को अपनी नज़र से देख पाना लगभग असंभव है।

जब करोड़ो निगाहें आप की और नाज़रीन होती है तो आप वो देखते हैं जो उनके दिलों में हैं न कि वो जो आपके दिमाग में हैं।

क्योकि यहाँ सामाजिक संवेदनशीलता अपने चरम पर होती हैं।

एक विशेष परिस्थिति, वैयक्तिक राय / धारणा को हम सामान्य / आम मानकर निर्णय लेने की जल्दी करते है।

कुछ पढ़े - लिखें ज्ञानी लोग इस बात का इंतजार भी नहीं करते की उनपर लगाया गया आरोप सत्य हैं या असत्य और अपना निर्णय ले लेते हैं।

यह एक सामान्य मानवीय व्यवहार हैं।

    हम ऊचाइयों पर पहुंचते नहीं पहुंचाए जाते हैं , हम जीतना पसंद करते हैं परन्तु हमें इस बात का ध्यान भी रखना चाहिए कि जीवन एक शून्य- जमा- खेल हैं।

यहाँ ना ही कोई कुछ लेकर आ सकता हैं। ना ही कुछ भी लेकर जा सकता हैं।

इस जहां का सभी इस जहां में ही रहता हैं।

हमारी जीत में किसी की हार छुपी हैं, हर झूठ में सच्चाई घूली हैं।

जीत, हमेशा हार के साथ जद्दोजहद से और सच्चाई, हमेशा झूठ को मथने से ही प्रकट होती हैं ।

12
ज्ञान - बुद्धि

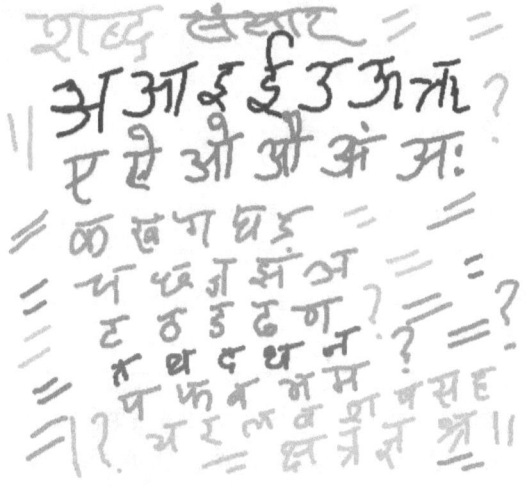

हमारा ज्ञान - अक्षरों, शब्दों, वाक्यों, अंकों और उनके विज्ञान तक परिमित नहीं हैं, बुद्धि इसे - इनसे परे अपरिमित, अनंत बनाती हैं।

बुद्धि का अर्जन हम निम्न तीन तरीकों से करते हैं -

1. *अनुगामी* - दूसरों से सीखकर, आसान तरीका
2. *अनुशासित* - स्वाध्याय- चिंतन- मनन
3. *अनुभवात्मक* - जीवन के अनुभवों से सीखकर, अभ्यास से, सफलता - असफलता की श्रृंखला से

बुद्धि का अर्जन

अनुभवात्मक तरीका सबसे कठिन है परन्तु सर्वाधिक उत्तम है, दूसरों से सीखकर बुद्धि अर्जन आसान तरीका हैं किन्तु यहाँ सफलता की सम्भावना सौ प्रतिशत नहीं है क्योंकि परिस्थितियां, समय परिवर्तनशील है।

स्वाध्याय- चिंतन- मनन, ज्ञान मार्ग है जो की आपकी बुद्धि की ख़ुराक है चूँकि यह आपको अद्यतित रखता है, इससे हम अपनी बुद्धि को परिष्कृत करते है और उसे समय की जड़ता से मुक्त करने में सफल होते हैं और विशेष परिस्तितियों हेतु विशेष समाधान के बहुत नज़दीक पहुँच पाते है, हमारी प्रत्येक संक्रिया में सफलता की सम्भावना बढ़ती जाती है।

जीवन के विभिन्न सोपानों पर बुद्धि अर्जन के तरीके भिन्न -भिन्न होते है किन्तु जीवन की समग्र सफलता बुद्धि के तीनों मार्गों के

संतुलित एकत्रीकरण से निर्धारित लक्ष्य पर पहुंचना है।

जीवन की समग्र सफलता- बुद्धि के तीनों मार्गों का संतुलित एकत्रीकरण

मनुष्य का मस्तिष्क एक प्रोग्राम्ड कंप्यूटर से कहीं अधिक परिपूर्ण हैं जिसकी प्रोग्रामिंग ब्रहमाण्ड के मूल में है और वह मस्तिष्क में क्वांटम कॉलेप्स से आती है - "द एम्पेरर्स न्यू माइंड" नोबेल विजेता रोज़र पेनरोज़

कर्म कोई गलत या सही नहीं होता

कर्म कर्म होता हैं
उसके पीछे का उद्देश्य और उसका परिणाम हमें उसके सही और गलत होने का अहसास कराता हैं उसी आधार पर हम हमारे मूल्य निर्धारित करते हैं और निर्णय लेते हैं

नज़रिया

हमारी बुद्धि हमें दर्शन निर्धारण में मदद करती हैं और ज्ञान हमारा मार्गदर्शन करता हैं

13
एक - अनेक

अनेक चिड़ियों वाली कहानी तो आपने सुनी होगी।

अनेक जब एक बन जाते हैं तो हिम्मत और ताकत दोनों बढ़ जाती हैं।

एकता आपको लड़ने की वो शक्ति प्रदान करती हैं जो अकेले के बस की नहीं हैं सामुहिक समस्याएँ समूह गठन को प्रेरित करती हैं, यह समूह के संकल्प का निर्माण कर मार्गदर्शन करती हैं और कुछ के विरोध का असर न्यून करते हुए , विजय की संभावनाओं को बढाती हैं।

अनेक को एक बनाने में नेतृत्व अहम भूमिका निभाता हैं - नेतृत्व वही सफल हैं जो सहज, सरल, सटीक, सम्यक और सम्पूर्ण हो ।

जो सबमें हो और सब जिसमें हो।

नज़रिया

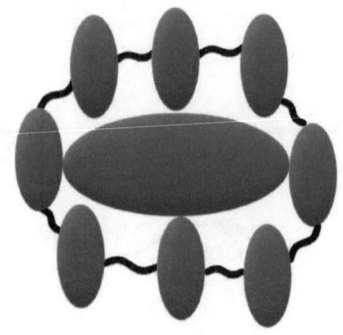

एकता -एक विचार, एक व्यवहार, एक लक्ष्य

www.ingramcontent.com/pod-product-compliance
Lightning Source LLC
LaVergne TN
LVHW041557070526
838199LV00046B/2010
9798886670189